# 궁금해요, 유관순

**초판 1쇄 발행** 2019년 2월 25일 | **초판 3쇄 발행** 2023년 1월 31일
**글쓴이** 안선모 | **그린이** 한용욱
**펴낸이** 홍석 | **이사** 홍성우 | **편집부장** 이정은 | **편집** 박고은, 조유진
**디자인** 권영은, 김연서 | **외주 디자인** 신영미
**마케팅** 이송희, 한유리, 이민재 | **관리** 최우리, 김정선, 정원경, 홍보람, 조영행, 김지혜
**펴낸곳** 도서출판 풀빛 | **등록** 1979년 3월 6일 제 2021-000055호
**주소** 서울특별시 강서구 양천로 583 우림블루나인 A동 21층 2110호
**전화** 02-363-5995(영업) 02-362-8900(편집) | **팩스** 070-4275-0445
**전자우편** kids@pulbit.co.kr | **홈페이지** www.pulbit.co.kr
**블로그** pulbitbooks.blog.me | **인스타그램** instagram.com/ pulbitkids

ISBN 979-11-6172-120-0 74990
      978-89-7474-499-1 (세트)

ⓒ 안선모, 한용욱 2019

이 도서의 국립중앙도서관 출판예정시도서목록(CIP)은 서지정보유통지원시스템 홈페이지(http://seoji.nl.go.kr)와
국가자료공동목록시스템(http://www.nl.go.kr/kolisnet)에서 이용하실 수 있습니다.(CIP제어번호 : CIP2019003478)

*책값은 뒤표지에 표시되어 있습니다
*파본이나 잘못된 책은 구입하신 곳에서 바꿔드립니다.

 **품명** 아동 도서 **사용연령** 8세 이상
**제조국** 대한민국 **제조년월** 2023년 1월 31일
**제조자명** 도서출판 풀빛 **연락처** 02-363-5995
**주소** 서울특별시 강서구 양천로 583 우림블루나인 A동 21층 2110호
**주의사항** 종이에 베이거나 긁히지 않도록 조심하세요.
  책 모서리가 날카로우니 던지거나 떨어뜨리지 마세요.
  KC마크는 이 제품이 공통안전기준에 적합하였음을 의미합니다.

저학년 첫 역사 인물 ⑥

만세 운동에 앞장선
열일곱 살 **독립운동가**

# 궁금해요, 유관순

안선모 글 | 한용욱 그림

**작가의 말**

# 아우내 장터를 가득 채운
# 감동의 만세 소리

　어린 시절, 3월이면 친구들과 고무줄 놀이를 하면서 목청껏 부르던 노래가 있었어요. 유관순 누나가 옥 속에 갇혀서도 만세를 불렀다는 이야기, 푸른 하늘 그리며 숨졌다는 이야기. 내용으로 보자면 정말 슬픈 이야기였어요.

　하지만 노래를 부르면서 슬픈 감정에 휩싸였다기보다는 그저 신나게 큰 목소리로 불렀던 기억이 납니다. 주위의 친구들도 다 그랬던 것 같아요. 유관순의 생을 깊숙이 알지 못하고 그저 어린 나이에 만세를 부르다 감옥에 갇혔고 그곳에서 고생하다 하늘나라에 가셨구나, 그랬구나, 그런 정도였지요.

　그리고 어른이 되어 차분히 유관순의 삶에 들어가 보았어요. 그랬더니 놀랄 일이 한두 가지가 아니었어요. 어렸을 적부터 대장이 되겠다는 꿈을 가진 이야기, 어린 나이에 서울로 유학 와서 성실하게 자기 몫을 해냈다는 이야기, 학교 뒷담을 넘어 3.1 운동에 참여했다는 이야기, 자신의 고향 아우내 장터에서 태극기를 돌리며 만세 운동을 적극 독려했다는 이야기, 재판을 받으면서도 기죽지 않고 일본 재판부에 할 말을 다 했다는 이야기 등등.

어쩌면 이렇게 당당하고 똑똑하고 대담할 수 있을까요? 어떻게 그 무서운 감옥에서도 굴복하지 않고 만세를 부를 수 있었을까요? 나 같으면 무서워 덜덜 떨면서 쓰러졌을 텐데. 또 할 말도 제대로 못 하고 울기만 했을 텐데.

애국이라는 것은 나이와 학벌 그런 것과는 아무 상관이 없는 거구나 결론을 내렸어요. 가슴속에 가득한 정의감과 신념 그리고 옳다고 생각하는 것을 행동으로 옮기는 용기. 유관순에게는 그런 것들이 가득했어요.

이 글을 읽는 어린이들!

유관순이 죽음을 각오하고 지켜 내려고 했던 것은 무엇이었을까요?

곰곰 생각해 보아요.

또 내가 할 수 있는 나라 사랑은 무엇이 있을까도 함께 생각해 보아요.

그것이 무엇이든지, 저는 여러분을 응원합니다!

안선모

# 차례

작가의 말　　　　　　　　　　　　4

나는 대장이 될 거야　　　　　　　8

여자도 배워야 한다　　　　　　　24

이화학당 생활　　　　　　　　　32

고종의 죽음　　　　　　　　　　46

| | |
|---|---|
| 기미년 3월 1일 | 52 |
| 고향으로 | 64 |
| 아우내 장터의 독립 만세 | 76 |
| 모질고 힘든 감옥살이 | 86 |
| 옥중 투쟁 그리고 죽음 | 94 |

# 나는 대장이 될 거야!

"애 들아, 놀자! 동순아, 끝녀야, 진수야!"
온 마을을 휘젓고 다니며 관순이 아이들을 불렀습니다. 하지만 나온 아이는 동갑내기 동순이 한 명뿐이었습니다.

"끝녀는 엄마 따라 장에 갔고, 창수는 배탈이 나서 못 논대."

동순의 말에 관순은 아쉬운 듯 세 갈래로 땋은 머리를 자꾸만 잡아당겼습니다. 그 모습을 본 동순이 얼른 말했습니다.

"관순아, 네 머리 정말 예쁘다. 내 머리는 두 갈래인데."

동순이 관순의 세 갈래 머리를 부러운 듯
쳐다보았습니다.

마을 좁은 길마다 어제 내린 비로 군데군데 커다란 물웅덩이가 생겼습니다.
"여기 웅덩이 속에 하늘이 들어 있어. 얼른 와 봐."
동순의 말에 관순이 쪼르르 달려갔습니다. 관순과 동순은 웅덩이 옆에 쭈그리고 앉았습니다.

"구름도 있네. 어, 우리 얼굴도 보여."

관순이 신기한 듯 웅덩이 속을 들여다보았습니다. 새까맣게 탄 관순이 얼굴 옆에 하얗고 작은 동순이 얼굴이 있었습니다.

"너보다 내가 더 예쁘다."

동순의 말에 관순이가 입을 삐죽였습니다.

"뭐라고? 내가 더 예뻐."

"아냐! 언년이 할머니도 감나무 집 할아버지도 내가 더 예쁘다고 했어. 또 병천 장터 사람들도 이 마을에서 내가 제일 예쁘다고 했단 말이야."

관순이 보기에도 동순이는 정말 귀여웠습니다. 웃을 때마다 생기는 보조개도 참 신기했습니다.

화가 난 관순이 중얼거렸습니다.

"치, 얼굴은 네가 예쁠지 모르지만 마음씨는 내가 더 예뻐."

그 말에 동순이가 재빨리 고개를 끄덕였습니다. 관순이는 지는 걸 무척 싫어하기 때문이었습니다.

"맞아, 맞아. 그리고 넌 나보다 가갸거겨를 더 잘하잖아. 난 너처럼 공부를 잘하고 싶은데 잘 안 돼."

그 말에 관순이 활짝 웃었습니다.

"동순아, 우리 냇가 모래사장에 가서 칼싸움하고 놀자."

"칼싸움? 그건 남자아이들이 하는 거잖아."

"그런 게 어디 있어? 난 커서 대장이 될 거야!"

"대장이 된다고? 그건 남자들이 하는 거야."

"그런 게 어디 있어? 여자는 대장이 되지 말라는 법이 대체 어디 있냐고!"

관순의 말에 동순은 얼른 냇가 쪽으로 발걸음을 옮겼습니다.

"관순아, 얼른 가자!"

둘은 냇가로 달려갔습니다.

작은 돌멩이를 집어 물수제비를 뜨는 관순을 보고 동순이 감탄하며 말했습니다.

"관순아, 너는 여자가 어떻게 그런 걸 잘하냐?"

"우석이 오빠가 가르쳐 줬어. 오빠가 그러는데 나는 뭐든지 가르쳐 주면 열심히 한대."

관순이 신나게 놀고 있을 때 저 멀리서 하얀 연기가 하늘로 올라

가는 것이 보였습니다. 곧이어 빨간 불길도 솟구쳐 올랐습니다.

"오마나, 저게 무슨 일이지?"

동순이 바들바들 떨며 그 자리에 털썩 주저앉았습니다.

"동순아, 얼른 가 보자."

"난 싫어, 무섭단 말이야."

관순은 동순의 손을 잡아끌며 불이 난 쪽으로 달려갔습니다. 키도 크고 덩치도 큰 관순의 손에 끌려가던 동순이 그만 풀썩 넘어졌습니다.

"동순아, 아프지? 어서 업혀."

동순이 무릎에서 피가 나는 걸 보자, 관순이 등을 내밀었습니다. 관순은 동순을 업고 집으로 가지 않고 불이 난 쪽으로 갔습니다.

"어, 저건 우리 교횐데?"

멀리서 보아도 관순이 다니는 교회가 틀림없었습니다. 짚으로 엮은 초가지붕이 불길에 휩싸였습니다. 빨간 불똥이 검은 연기와 함께 바람을 타고 어지럽게 하늘로 날아올랐습니다.

온 마을 사람들이 다 나와 웅성대고 있었습니다. 아버지, 어머니의 모습도 보였습니다.

관순은 동순의 손을 잡고 그쪽으로 다가갔습니다.

일본군이 눈을 부라리며 크게 외쳤습니다.

"이건 경고다, 경고! 만약 다시 무슨 음모를 꾸미거나, 대일본 제국에 이상한 행동을 하면 이 마을 전체를 불질러 버릴 테다. 알겠나?"

마을 사람들은 넋이 나간 표정으로 새까맣게 타서 재가 된 교회를 바라보았습니다.

일본군이 가자, 한 아주머니가 가슴을 쿵쿵 치며 울먹였습니다.

"도대체 왜 그러는 거요? 어째서 일본군이 우리 교회를 불태우는 거냐고요?"

관순의 아버지가 차분하게 대답했습니다.

"이웃 마을에서 의병들이 잠시 머물고 갔는데, 일본군들이 뒤쫓아 와서 마을에 불을 질렀다오."

옆에 서 있던 관순의 작은아버지가 흥분한 목소리로 말했습니다.

"그뿐이 아니라오. 비봉리 마을에도 불을 질러 잿더미로 만들었다는군."

"몹쓸 놈들. 남의 땅에 와서 온갖 나쁜 짓은 다 하는구먼."

"근처의 사자골에서는 교인들이 일본군에게 총살당했답니다."

"세상에! 사람 목숨을 어찌 그리 가볍게 여긴답니까?"

마을 사람들이 분이 나서 한마디씩 했습니다.

"아버지, 의병은 뭐 하는 사람이에요?"

관순의 물음에 아버지가 대답했습니다.

"지금 우리나라는 일본의 손에 넘어가려고 하고 있단다. 의병은 그걸 막기 위해 애를 쓰는 사람들이지."

옆에서 듣던 관순은 두 주먹을 불끈 쥐었습니다.

'얼른 대장이 되어서 일본군을 혼내 줄 테다!'

관순은 새까맣게 타서 재로 변한 교회를 바라보았습니다. 관순은 일요일마다 교회에 나갔습니다. 그곳에서 찬송가를 배우고, 어른들이 성경을 읽는 것을 보고 흉내 내면서 한글을 깨쳤습니다. 교회 마당에서는 친구들과 공기놀이도 하고 술래잡기도 하며 놀았습니다.

"으앙, 나 이제부터 어디 가서 기도하고 찬송가 부르지?"

관순이 울음을 터뜨렸습니다. 그런 관순의 등을 토닥이며 아버지가 말했습니다.

"얘야, 교회는 또 지으면 되니까 아무 걱정 하지 마라. 그것보다 더 중요한 것은 오늘 보았던 일을 잊어선 안 된다는 거야."

어느 날이었습니다. 아버지 유중권, 작은아버지 유중무, 교회 아저씨 조인원이 관순이네 집 툇마루에 앉아 신문을 보며 이야기를 나누고 있었습니다. 관순은 마당에서 자치기를 하고 있었습니다.

"관순이는 사내로 태어났으면 딱 장군감인데."

작은아버지가 관순이를 보고 싱긋 웃으며 말했습니다.

"작은아버지, 나는 대장이 될 거예요!"

그러면서 관순은 아버지가 들고 있는 신문을 흘낏 보았습니다.

"신문에 국채 보상 운동 의연금 납부 상황을 매일 싣고 있습니다."

교회 아저씨의 말에 아버지가 고개를 끄덕였습니다.

"전국에서 나라 빚 갚는 국채 보상 운동이 불같이 일어나고 있군 그래."

"전국에서 참여하지 않는 고을이 없어요."

작은아버지의 말에 아버지가 다시 고개를 끄덕였습니다.

"생각이 있는 사람이라면 어디 가만 앉아 있을 수 있나?"

"아버지, 국채 보상 운동이 뭐예요?"

관순이의 물음에 아버지가 생각에 잠겼습니다.

'음, 어떻게 설명해야 좋을까?'

"일본이 우리나라가 큰 빚을 지게 만들어서 어려움에 빠지게 했단다. 우리나라를 경제적으로 노예로 만들려는 심보지. 그래서 사람들이 돈을 모아 나라 빚을 갚자고 일어선 거다. 그게 바로 국채 보상 운동이란다."

관순은 알아들었다는 듯 고개를 끄덕였습니다. 마을 사람들 중에

서도 일본 사람에게 돈을 빌렸다 갚지 못해 집과 논을 빼앗기는 것을 보았기 때문이었습니다.

관순이가 살고 있는 마을 사람들 여든두 명도 이 운동에 참여했습니다.

"사탕 사 먹으려고 했는데 나도 이 돈을 낼래요."

어린 관순이 호주머니 속에서 동전 한 닢을 꺼내며 말했습니다.

1907년, 유관순이 다섯 살 때였습니다.

#  여자도 배워야 한다

유관순의 아버지 유중권은 전통 있는 가문의 선비였지만 누구보다 먼저 개화 사상과 기독교를 받아들였습니다.

"나라가 없으면 온갖 설움을 당하는 것이다. 나라의 힘을 키우기 위해서는 새로운 사상과 종교를 받아들이는 것이 중요하지."

아버지는 마을 사람들을 만날 때마다 이런 말을 자주 했습니다.

"자주독립을 할 수 있는 힘을 키우기 위해서는 무엇보다 교육이 중요합니다."

여덟 살이 되면서부터 관순은 집안일을 많이 도왔습니다. 집안일을 돕는 틈틈이 관순은 오빠가 보는 책을 열심히 읽었습니다.

"관순아, 열심히 배워야 한다."

아버지는 늘 이렇게 말했습니다.

"이제는 여자들도 잘 배워서 사회에 보탬이 되어야 한다. 남녀를 가리지 말고 열심히 배워서 우리나라가 발전할 수 있어야 해. 다른 나라의 간섭을 받지 않으려면."

유관순의 아버지와 작은아버지는 아들들을 신식 학교에 보냈습니다. 하지만 관순이 막상 학교에 갈 나이가 되자 선뜻 학교에 보낼 수가 없었습니다. 집안 형편이 어려웠기 때문이었습니다.

　열세 살이 된 유관순은 열여섯이나 열일곱 살로 보일 만큼 키가 컸습니다.

또 모든 일에 적극적이고 한번 들은 것은 잊어버리지 않을 만큼 총명했습니다.

어느 날이었습니다. 기독교를 전파하기 위해 공주에 와 있던 미국인 선교사 사애리시 부인이 유관순이 다니는 교회에 들렀습니다. 사애리시 부인은 며칠을 묵으며 마을 사람들에게 성경을 가르쳤습니

다. 그때 사애리시 부인은 교회에 열심히 나오는 관순을 유심히 지켜보았습니다.

"관순아, 너 학교에 가지 않겠니?"

사애리시 부인의 말에 유관순은 놀라 눈이 휘둥그레졌습니다.

"저도 가고 싶기는 하지만…."

유관순은 자신 있게 대답을 하지 못하고 말끝을 흐렸습니다. 어려운 집안 사정을 알기 때문이었습니다.

"관순이가 원하면 경성에 있는 이화학당에 보내 줄 수 있어요."

"예도 언니가 다니는 이화학당 말이에요?"

유관순의 눈이 다시 휘둥그레졌습니다. 유관순의 사촌 언니 유예도는 이화학당에 다니고 있었습니다.

"학비는 걱정하지 말아요. 장학생으로 들어갈 수 있게 도와줄 테니까요."

유관순은 선교사인 부인을 따라 공주로 가게 되었습니다. 사애리시 부인은 유관순을 지금의 초등학교에 해당하는 공주 영명여학교 보통과에 입학할 수 있게 해 주었습니다.

"관순아, 너도 이제 어엿한 학생이 되었으니 공부를 게을리하지 말거라. 알겠지?"

아버지는 성격이 활달해서 친구들과 놀기 좋아하는 관순이 걱정되어 말했습니다. 유관순은 큰 목소리로 대답했습니다.

"아버지, 아무 걱정 마세요. 전 공부할 수 있어 너무 좋아요."

유관순이 영명여학교에서 보통과 2학년을 마치자 사애리시 부인은 유관순을 경성으로 데리고 올라가 이화학당에 전학을 시켜 준다고 하였습니다.

유관순의 부모는 어린 딸을 멀리 경성까지 떠나보내는 것이 마음에 걸렸습니다.

"여자아이를 어떻게 그렇게 먼 곳으로 보내겠어요? 우리 좀 더 생각해 보아요."

어머니의 말에 아버지가 결심한 듯 말했습니다.

"그런 기회는 누구에게나 찾아오는 것이 아니니 보냅시다!"

관순의 부모님은 관순이를 경성으로 보내기로 결심했습니다.

"선생님 말씀 잘 듣고, 힘든 일 있으면 항상 기도하여라. 공부도 열심히 하고."

유관순은 가족의 배웅을 받으며 경성으로 향했습니다.

그런 유관순을 보며 마을 사람들이 부러운 듯 한마디씩 했습니다.

"여자아이가 보통학교도 다니기 어려운 시절에 멀리 경성까지 유학을 가다니!"

"관순이가 어렸을 적부터 뭔가 남다르긴 했어."

"관순이는 아마 대장이 될 모양이야."

관순의 부모님은 그런 이야기를 들으며 흐뭇한 미소를 지었습니다.

#  이화학당 생활

**열** 다섯 살의 나이로 유관순은 경성 이화학당 보통과로 전학을 갔습니다. 고향을 떠나올 때는 가족과 친구들과 헤어지는 것이 슬퍼 눈물이 났는데 막상 경성에 도착하니 가슴이 두근두근거렸습니다.

'아버지 말씀대로 무엇이든 열심히 해야지.'

여덟 명이 함께 쓰는 기숙사 방에서 사촌 언니 예도와 한방에서 생활하게 돼 유관순은 안심이 되었습니다.

기숙사 사감 하란사 선생님은 검정 바탕에 '모든 일을 단정히 하고 규칙을 따라 행하라'라고 쓴 액자를 식당 벽에 걸어 두었습니다.

적극적이고 밝으며 키가 큰 유관순은 다른 아이들 눈에 금방 띄었습니다.

"관순아, 오늘도 네가 청소 담당이니?"

방 청소를 열심히 하는 유관순을 보고 사촌 언니 유예도가 물었습니다.

"아무나 청소하면 어때. 함께 쓰는 방이잖아. 할 수 있는 사람이 하면 되지 뭐."

유관순은 교실 청소든 친구들의 빨래든, 다른 사람을 도와주는 일에 늘 앞장섰습니다.

"나는 학비를 내지 않으니까 이렇게 청소라도 열심히 해야 할 것 같아."

심지어 유관순은 형편이 어려운 친구를 위해 밥값을 대신 내 주기도 했습니다. 그러고는 일부러 배가 아프다며 핑계를 대고 식당에 밥을 먹으러 가지 않기도 했습니다.

토요일과 일요일에는 수업이 없어 유관순은 공부에 대한 부담에서 벗어나 잠시 해방감을 맛보았습니다. 어린 학생들은 주로 놀고 나이 든 학생들은 바느질이나 기숙사의 일을 거들었습니다. 토요일은 정동교회의 주일 예배에 참석할 준비, 기숙사 대청소, 빨래와 다듬이질 등으로 가장 바쁜 날이었습니다.

일요일이 되면 유관순은 단정한 옷차림을 하고 교정의 샛문을 통해 정동교회로 갔습니다. 이화학당과 정동교회는

담 하나를 사이에 두고 붙어 있었습니다. 일요일 오후에는 책을 읽거나 낮잠을 자기도 하고, 편지를 쓰고, 소곤소곤 잡담을 하기도 했습니다.

 이화학당에 온 첫해 가을, 유관순은 식당 밖 넓은 마당 한쪽에 김장 무와 배추가 산더미처럼 쌓여 있는 것을 보고 깜짝 놀랐습니다.

그 모습을 보고 사촌 언니 유예도가 빙긋 웃었습니다.

"10월 말에는 김장 방학이 있어. 일주일간 방학을 하는데, 학생들은 선생님들을 도와 겨울 동안 먹을 것을 준비해야 해."

유관순도 다른 학생들과 함께 일주일간 쓸 칼을 택해 칼자루에 이름을 새기고 앞치마를 준비했습니다. 식탁을 모두 마당에 내다 놓고 무를 써는 학생, 배추 소를 만들고 버무리는 학생, 절인 배추에 소를 넣는 학생, 소를 넣은 배추를 광으로 나르는 학생, 광에서 그것

을 받아 항아리에 넣는 학생으로 나누어 열심히 일을 했습니다.

유관순은 도마 위에 새우젓을 쏟아 놓고 칼로 장단을 맞추며 다졌습니다. 노래를 부르면서 새우젓을 다지니 하나도 힘들지 않았습니다.

유관순은 이화학당 기숙사 생활에 완벽히 적응해 나갔습니다.

몹시 추운 어느 날 밤이었습니다.

"만두 사려!"

학비를 벌기 위해 밤이 되면 가난한 학생들이 만두를 팔러 다녔습니다.

"다른 데 쓸 돈을 절약하고 만두를 팔아 줘야겠어."

"지금은 문이 잠겨서 밖에 나가지 못할 텐데…."

사촌 언니 유예도가 걱정스러운 얼굴로 말했지만 유관순은 담을 넘어 밖으로 나갔습니다. 만두를 한보따리 사 들고 들어오던 중 사감 선생님과 딱 마주쳤습니다.

"욕쟁이 선생님에게 걸렸으니 큰일 났다. 아마 크게 벌을 줄 거야."

같은 방을 쓰는 친구들은 유관순이 걱정되어 가슴이 조마조마했습니다. 다행히도 유관순은 사감 선생님에게 꾸중을 듣는 것으로 끝났습니다.

사감 하란사 선생님은 학생들에게 욕쟁이 선생님으로 소문나 있었습니다.

"이화학당을 나온 후 일본과 미국 유학을 마친 선생님인데 어떻게 그렇게 욕을 잘하지?"

"졸업할 때까지 하란사 선생님에게 욕을 안 먹은 사람은 단 한 명도 없을걸. 공부 안 한다고 욕, 예뻐도 욕, 미워도 욕. 그래도 우리는 하란사 선생님을 사랑하고 존경하지!"

장난기 많은 유관순은 호랑이 사감 선생님 눈을 피해 식당에서는 김치를 손으로 찢어 입을 크게 벌리고 얼른 입안에 넣어 먹기도 했습니다. 또 계단을 내려올 때 사내아이들처럼 난간에 걸터앉아 미끄럼을 타며 내려오기도 하였습니다.

유관순은 기도를 열심히 하는 것으로도 유명했습니다. 하루도 거르지 않고 기도실에 들어가 혼자 기도하였습니다.

자기 전에 기도 종이 울리면 방에 있는 사람들이 돌아가며 기도를 하게 되어 있었습니다. 유관순이 기도하는 날이었습니다.

유관순은 기도를 마치고 "명태 이름으로 빕니다." 하였습니다. 같은 방 학생들이 모두 배를 잡고 웃었습니다. 기숙사를 돌던 사감 선생님이 유관순의 방으로 왔습니다.

"기도하는 중에 그렇게 웃어대다니! 너희들은 모두 품행 점수 낙제점이다."

또 벌로 유관순의 방문에는 한 달간 빨간 딱지가 붙었습니다.

"아이고, 왜 명태 이름으로 빈다고 했니?"

"이정수 선배 집에서 부쳐 준 명태 반찬이 하도 맛있어서, 그 명태 생각이 나지 뭐야. 그래서 예수님 이름으로 빈다는 걸 명태 이름으로 빈 거야."

유관순의 말에 친구들이 다시 한번 배꼽을 잡고 웃었습니다. 이정수는 같은 기숙사 방에 있는 유관순을 위해 집에서 소포로 부쳐 온 명태를 따로 떼어 주었습니다. 유관순은 한 학년 위인 이정수와 가장 친하게 지냈습니다.

1918년 3월 18일, 유관순은 이화학당 보통과 졸업식을 맞이했습니다.

"이제 졸업식을 하고 나면 열하루 동안 봄방학에 들어가고, 봄방학이 끝나면 고등과로 진급하겠지."

유관순은 기도실로 들어가 감사의 기도를 올렸습니다.

보통과, 고등과, 중학과, 대학과 학생 등 전교생이 모두 흰 옷을 입고 졸업식에 참여했습니다. 보통과 학생들이 들어가고, 그 다음 고등과와 중학과 순으로 들어갔습니다. 맨 마지막에 가운을 입고 사각모를 쓴 대학과 졸업생이 입장했습니다.

"올해 대학과의 졸업생은 딱 한 사람인데 바로 저 언니야. 김활란이라는 언니래."

대학 졸업생 김활란은 영어와 우리말로 졸업 연설을 하였습니다.
'나도 언젠가 저 자리에 서고 싶다.'
유관순은 마음속 깊이 각오를 다졌습니다.

# 고종의 죽음

**방**학이 되면 유관순은 고향에 내려와 아이들과 아주머니들에게 글을 가르쳤습니다. 사람들을 모아 놓고 한글을 가르치면서 경성 이야기, 학교 이야기 같은 재미있는 이야기도 함께 들려주었습니다.

'나라를 빼앗긴 민족에게 글이 얼마나 중요한 것인가?'

유관순은 그런 생각으로 열심히 글을 가르쳤습니다.

유관순이 겨울방학을 끝내고 서울에 온 지 보름 정도 지난 1919년 1월 21일 아침이었습니다. 유관순은 그날따라 이화학당에서 보이는 덕수궁 안팎이 수선스럽다고 느꼈습니다. 궁 안에서는 평소와 달리 나인들과 양복 입은 사람들이 왔다갔다 부산하게 움직이고 있었습니다.

"고종 황제께서 돌아가셨대."

"왜놈들이 음식에 독을 넣었대."

고종이 갑자기 죽었다는 소식은 어린 학생들에게 커다란 충격을 주었습니다. 눈물을 흘리는 학생도 있었습니다.

일본이 그걸 핑계 삼아 왕위에서 몰아낸 거고."
"어쩌다가 나라를 잃어서 이런 꼴까지 당하게 되었을까?"
유관순은 일본에 대한 미움과 나라 잃은 서러움으로 마음이 아팠습니다.
고종의 장례식 날짜는 3월 3일로 정해졌습니다. 지방마다 황제의 죽음을 추도하는 행사를 했습니다. 전국 각지에서 많은 사람들이 고

종의 장례식을 보기 위해 경성으로 올라올 준비를 하였습니다.

　많은 사람이 경성에 모인다는 것은 독립운동의 좋은 기회가 될 수 있었습니다. 몇몇 종교 지도자들이 중심이 되어 고종의 장례식을 기회 삼아 전 세계에 우리나라의 독립을 선언하기로 결정했습니다. 날짜는 고종의 장례식 이틀 전인 3월 1일로 정해졌습니다.

　유관순이 다니는 이화학당에서도 교사와 상급생들이 중심이 되어 은밀하게 3.1 운동을 준비하기 시작했습니다. 독립 선언식에 관한 소식을 다른 학교에 전달하고 독립 선언식에 사용할 태극기를 만들었습니다.

　"태극기를 그리면 그릴수록 마치 우리나라의 독립이 눈앞에 가까이 다가오고 있다는 느낌이 들어."

유관순보다 1년 선배인 이정수가 물감으로 정성스레 태극기를 그리면서 말했습니다.

"우리가 만든 이 태극기를 손에 들고 거리로 나갈 생각을 하니 벌써부터 가슴이 두근거려요."

유관순도 흥분된 목소리로 말했습니다.

"그런데 태극을 이렇게 그리는 게 맞는지 모르겠어."

유관순과 친구들은 태극기를 자세히 볼 수 있는 기회가 없었습니다. 그래서 태극기의 모양을 정확히 몰랐습니다. 그래서 밥그릇으로 동그라미를 그리고 태극무늬는 대강 흉내만 내서 그렸습니다.

"맞게 그리는 건지 아닌지는 모르지만 온 마음을 다해서 그리면 그것으로 충분해."

유관순의 말에 다른 친구들이 고개를 끄덕였습니다. 학생들의 손놀림이 더욱 빨라졌습니다.

# 기미년 3월 1일

드디어 1919년 3월 1일이 되었습니다. 이날은 종로의 탑골 공원에서 독립 선언식을 거행하기로 한 날이었습니다.

경성 시내의 학생들은 학교별로 탑골 공원에 모이기로 약속이 되어 있었습니다. 이화학당 교문은 굳게 잠겨 있었습니다. 프라이 교장의 특별 명령이 있었던 것이었습니다. 담 밖으로 보이는 거리에 사람들이 물밀 듯이 밀려 오가고 만세 소리가 천지를 진동했습니다.

"수위 아저씨, 교문을 여세요."

"열어 주세요!"

학생들은 굳게 잠긴 교문을 두드리며 아우성을 쳤습니다. 그러자 프라이 교장이 나타나 단호하게 말했습니다.

"나는 학생들을 사랑하고 여러분의 신변을 보호할 책임도 있습니다. 여러분의 깊은 뜻도 잘 압니다. 하지만 여러분은 아직 연약한 학생입니다. 여러분은 이곳을 나가서는 안 됩니다."

그러자 상급반 학생들이 소리쳤습니다.

"선생님! 이건 우리의 조국입니다. 우리는 우리나라를 위해 나가려

는 겁니다. 비켜 주세요."

그러나 교장은 고개를 가로저었습니다.

"나는 책임을 버릴 수 없습니다. 여러분 신변은 내가 책임져야 합니다."

"교장 선생님은 조국을 잃은 슬픔이 무엇인 줄 짐작이나 하십니까?"

프라이 교장은 굳게 잠긴 교문 앞으로 가서 두 팔을 벌리고 막아섰습니다.

"자, 학생들! 나가려거든 내 시체를 넘어서 교문을 나가시오. 나는 살아서 학생들이 당하는 참변을 볼 수는 없습니다."

유관순은 교문으로 나갈 수 없다는 것을 알고, 다섯 명의 친구들에게 눈짓을 했습니다. 유관순과 친구들은 뒷담을 넘어 거리로 나갔습니다. 그리고 시위 군중 속으로 끼어들어 "대한 독립 만세!"를 소리 높여 외쳤습니다.

5천여 명의 남녀 학생들은 탑골 공원에 모여 민족 대표들이 오기만을 기다렸습니다. 유관순도 이화학당의 다른 학생들과 함께 군중 속에 있었습니다.

"왜 독립 선언식을 시작하지 않는 걸까?"

"혹시 무슨 사고라도 생긴 건 아닐까?"

그때 한 남자가 탑골 공원의 팔각정 단상으로 올라섰습니다. 황해도 해주 출신의 경신중학교를 졸업한 정재용이라는 사람이었습니다. 정재용은 큰 소리로 독립 선언서를 낭독하기 시작했습니다.

"독립 선언문! 우리는 우리 조선이 독립국이라는 것과 조선인이 자주민이라는 것을 선언하노라."

정재용이 독립 선언서 낭독을 마치자 박수와 함께 우렁찬 함성이 터져 나왔습니다.

"어서 거리로 나가서 만세를 외칩시다."

"대한 독립 만세!"

군중이 탑골 공원을 나섰을 때에는 그 수가 수만 명으로 불어났습니다. 시위 군중은 경성 시내 곳곳에서 '대한 독립 만세'를 외치며 행진을 했습니다.

유관순과 이화학당 학생들도 시위 행렬에 함께 참여했습니다. 오후 내내 거리를 쏘다니면서 목이 터지도록 '대한 독립 만세'를 외쳤습니다. 만세를 외치면서 유관순은 독립이 바로 눈앞에 다가온 것처럼 마음이 들떴습니다.

이날의 행진은 독립 선언서에서 강조한 대로 질서를 유지하며 평화롭게 이루어졌습니다. 밤늦도록 시위가 계속되었지만 어느 누구도 폭력을 휘두르지 않았습니다. 그러나 일본 군인과 경찰은 만세 시위를 막기 위해 학생들을 마구잡이로 잡아서 끌고 갔습니다.

수비대에 쫓겨 아무 집에라도 들어가면 모두가 친절하게 숨겨 주었습니다. 이날 유관순은 무사히 학교로 돌아왔습니다. 학교로 돌아온

뒤 한동안 가슴이 두근거렸고, 몸은 물에 젖은 솜처럼 무겁고 피곤했지만 그날 밤 잠을 이루지 못했습니다.

다음 날, 경성에 있는 학교의 학생 대표들이 이화학당에 찾아왔습니다.

"3월 5일에 학생단 시위가 있을 예정이다. 너희들, 학교에서 공부만 하지 말고 나라 먼저 찾고 나중에 공부해라. 너희들도 함께 만세를 불렀으면 좋겠다."

"동생들아 누이들아, 다 나와라. 우리나라 찾자."

유관순의 가슴에 '우리나라 찾자'는 말이 콕 박혔습니다.

'3월 5일, 그날도 가야지.'

유관순은 자신을 포함한 다섯 명의 결사대를 불러 모았습니다.

"우리 3월 5일도 가는 거다."

"그럼, 그럼! 가야지."

3월 5일, 유관순은 5인의 결사대 그리고 다른 10여 명의 학생들과 일찌감치 밥을 먹고 담을 넘어 시내로 달려갔습니다. 오전 8시부터 각 학교 학생들과 시민들이 남대문역 앞에 집결하기 시작했습니다.

오전 9시가 조금 지나면서 군중은 태극기를 앞세우고 환호성을 지르며 시위 행진을 시작했습니다. 군중들은 큰 소리로 만세를 부르고 태극기를 흔들면서 남대문 쪽으로 행진했습니다.

"대한 독립 만세!
 시위 행렬이 남대문에 도착했을 때 일본 헌병과 경찰이 가로막 았습니다. 일본 헌병은 칼을 마구 휘두르며 강제로 시위 군중을 해산시켰습니다. 이 과정에서 많은 학생들이 중상을 입은 채로 체포되어 갔습니다. 유관순은 종로 6가쯤 갔다가 경찰에 붙들렸다 가까스로 학교로 돌아왔습니다.

 일제는 경성에서 학생들이 조직적으로 시위를 계속하자 3월 10일 모든 학교에 임시 휴교령을 내렸습니다.
 휴교령이 내려진 날, 박인덕 선생님이 경찰서에 끌려갔습니다. 박인덕 선생님은 유관순에게 가장 큰 영향을 준 교사 중 한 사람이었습니다.
 "독립운동이 이대로 끝나는 것 아냐?"
 "이대로 운동이 주저앉아서는 안 되는데."
 "맞아, 계속 독립 만세를 불러야 해."
 유관순과 친구들은 독립운동의 열기가 사그라질까 봐 걱정이 되었습니다.

"우리도 전교생이 함께 나가 독립 만세를 불렀어야 하는 건데."

"교장 선생님이 막았기 때문이야."

"그래도 담을 넘어 나갔던 아이들도 있었어."

"우리도 모두 나갔어야 하는 건데…."

친구들은 모이기만 하면 그때 이야기를 하면서 눈물을 흘렸습니다. 그러면서 걷잡을 수 없는 설움이 북받쳐 올랐습니다. 나라를 잃은 설움, 비운의 황제에 대한 애도, 붙잡혀 간 선생님과 친구들에 대한 걱정과 안타까움.

유관순은 친구들과 학교 교실 모퉁이에 모여 의논을 했습니다.

"우리도 각자 시골로 가서 일을 하자, 만세 운동을 하자."

## 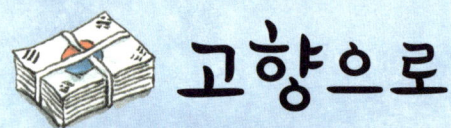 고향으로

3월 13일, 충청도로 내려가는 친구들이 함께 기차를 탔습니다. 유관순은 사촌 언니 유예도, 선배 이정수, 김복희와 함께 자리에 앉았습니다.

유관순은 한동안 말없이 차창으로 스쳐 지나가는 풍경을 지켜보고 있었습니다. 기차는 칙칙폭폭 소리를 내며 달리고 있었습니다. 한참 후에 유관순이 낮은 목소리로 입을 열었습니다.

"애들아, 이 기차 소리가 어떻게 들리니?"

"동전 한 푼, 동전 두 푼이라고 하는 것 같은데?"

이정수의 말에 유관순이 픽 웃으며 대답했습니다.

"내 귀에는 '대한 독립', '대한 독립'이라고 들려요."

그 말이 끝나자마자 친구들이 일제히 손뼉을 치며 "대한 독립! 대한 독립!"을 크게 외쳤습니다.

그러자 차장이 달려왔습니다.

"학생들, 나 좀 살려다오. 마음으로 하고 입으로는 하지 말아. 나 잡혀가기 싫거든!"

차장 아저씨가 가자 유관순과 친구들은 또다시 "대한 독립! 대한 독립!" 하고 더 크게 외쳤습니다.
 '독립을 위해 나는 무엇을 하면 될까?'
 유관순의 머릿속은 오직 이 생각뿐이었습니다.
 덜컹거리는 기차가 평택을 지나고 천안에 가까워지자 유관순은 내릴 준비를 했습니다.

"관순아, 우리 언제 만나지?"

이정수가 주섬주섬 내릴 준비를 하는 유관순에게 말했습니다.

"독립 만세 부르고 독립 되면 그때 만나요."

친구들은 다시 한번 "독립 만세, 독립 만세"를 외쳤습니다.

유관순은 천안역에 내려 집으로 걸어가면서 친구들과 부른 노래를 가만히 흥얼거렸습니다. 예도 언니도 흥얼흥얼 따라서 노래를 불렀습니다.

이화 이화 정든 이화 잘 있거라
우리가 독립 된 담에 다시 만나자
이화 이화 정든 이화 잘 있거라
어디 간들 너를 잊겠냐
백수풍신 가더라도
우리가 널 잊겠느냐
우리가 독립이 된 담에
펄펄 나는 태극기 아래서 만나자

유관순의 눈가에 이슬이 맺혔습니다. 천안 삼거리의 수양버들 가지가 힘없이 바람에 흔들거렸습니다.
'곧 새잎이 나겠네.'
유관순은 속으로 중얼거렸습니다.
"관순아, 너 이제 철 많이 든 것 같아. 어릴 때는 장난꾸러기에 지기 싫어 고집 빡빡 세우더니 경성 생활 하면서 많이 철들었어."
스물셋 예도 언니가 옆에서 걷는 관순의 어깨를 감싸 주었습니다. 둘은 서로 눈을 마주치며 싱긋 웃었습니다.
"어서 오너라, 관순아. 경성이 시끄럽다고 해서 얼마나 걱정했는지 모른단다."

어머니, 아버지가 유관순을 반갑게 맞이해 주었습니다.

"아버지, 어머니, 그동안 잘 지내셨어요?"

잠시 뒤 유관순은 경성에서 일어난 만세 시위 운동에 대해 이야기를 시작했습니다.

"3월 1일에 경성에 있는 탑골 공원에서 독립 선언서를 읽고 사람들이 거리로 쏟아져 나가 만세를 부르며 돌아다녔어요. 3월 5일에도 크게 만세를 불렀고요. 아버지, 우리 마을도 죽은 듯이 가만히 있을 수는 없습니다."

"그럼, 온 민족이 일어나는 판에 우리가 가만히 있어서는 안 되지. 그렇잖아도 우리 마을 사람들도 다른 지역의 소식과 소문에 귀를 기울이고 있는 중이란다."

마침 유관순이 고향에 내려온 3월 중순부터 천안, 공주 등 주변 큰 도시와 마을들에서 만세 시위 운동이 차례로 시작되었습니다.

유관순의 고향 마을 사람들은 만세 운동 준비에 바빴습니다. 우선 여러 마을을 돌아다니며 연락을 취하고 행동을 같이할 것을 약속했습니다.

"일본의 식민 지배에서 벗어나 독립하겠다는 뜻을 나타내기 위해서는 태극기도 만들어야 합니다."

"그런데 태극기가 어떻게 생겼더라? 10년 동안 태극기를 구경해 본 적이 없어서 말이지. 혹시 관순아, 너는 알고 있니?"

마을 어른들의 말에 유관순이 자신 있게 대답했습니다.

"예, 알고 있습니다. 저도 처음에는 태극기를 잘 몰라 4괘를 아무렇게나 그렸어요. 그런데 지난번 만세를 부르고 난 후 선생님에게 태극기의 모양에 대해 자세히 배웠어요."

유관순은 하얀 광목 위에 4괘와 가운데에 태극과 빨강과 파랑의 양의를 그리면서 마음이 흐뭇했습니다.

"많은 사람들이 멀리서도 한눈에 알아볼 수 있는 큰 깃발들도 필요해요."

마을 사람들은 만세 시위 운동에 필요한 태극기와 깃발들을 준비했습니다.

유관순의 아버지 유중권과 조인원을 비롯한 마을의 어른들은 유관순의 도움을 받으며 마을 청년들을 이끌고 만세 시위 운동에 필요한 모든 준비를 차근차근 진행해 나갔습니다.

"만세 운동 날짜는 언제로 하면 좋겠는가?"

"아무래도 사람들이 많이 모이는 장날로 정하는 것이 좋겠습니다."

"그러면 돌아오는 장날인 4월 1일(음력 3월 1일)에 아우내 장터에서 만세를 부르기로 하지요."

"관순이와 예도가 부근의 교회와 학교를 찾아가서 연락을 하는 것이 좋을 듯합니다. 경성 사정을 잘 알고 있으니 사람들에게 설명해

주기가 훨씬 쉬울 것입니다. 또 아직 어린 여학생들이니 왜놈들 눈을 피하기도 쉬울 거고요."

작은아버지 유중무의 말에 아버지 유중권이 두 아이를 걱정스러운 듯 번갈아 쳐다보았습니다.

"관순아, 예도야, 위험한 일이라는 건 잘 알고 있지? 할 수 있겠느냐?"

"예, 할 수 있어요."

그래서 유관순과 사촌 언니 유예도가 연락을 맡았습니다.

1919년 3월 31일 밤, 유관순은 마을 사람들과 함께 동면과 갈천면의 경계인 매봉산 꼭대기로 올라갔습니다. 유관순은 떨리는 손으로 횃불을 피웠습니다.

"먼 곳에서도 이 불빛이 잘 보이겠지요?"

"오늘은 달빛도 없으니 멀리서도 잘 보일 거야. 횃불을 보고 사람들은 내일 만세를 부른다는 걸 알게 될 거다."

횃불이 뜨겁게 활활 불타올랐습니다.

#  아우내 장터의 독립 만세

1919년 4월 1일의 아침이 밝았습니다. 들판은 완연한 봄빛을 띠고 있었습니다. 마을에서는 아침 일찍부터 굴뚝에서 일제히 연기가 피어올랐습니다.

온 마을 사람들이 일찌감치 아침밥을 해 먹고 장터로 나갈 준비를

하였습니다. 유관순도 일찍 일어나 준비를 하였습니다. 만약의 경우 재빨리 겉옷을 벗어 버리고 피신하기 위해 옷을 세 벌 껴입었습니다. 옷 속에는 태극기를 감추었습니다.

"오늘, 독립 만세를 부릅니다."

유관순은 장터로 들어오는 사람들의 소매를 붙잡으며 작은 목소리로 속삭였습니다.

아무도 놀라지 않았습니다. 3월 1일 경성에서 시작된 독립 만세 운동이 입에서 입으로 전해졌기 때문이었습니다.

"감추고 있다가 큰 태극기가 보이면 그때 꺼내세요."

시장 거리로 들어오는 사람들은 유관순이 건네주는 태극기를 얼른 옷 속에 감추었습니다.

마침내 오후 1시가 되었습니다. 그때 시장

한 구석에서 우렁찬 만세 소리가 터져 나왔습니다.

"대한 독립 만세!"

"대한 독립 만세!"

바로 유관순과 유관순의 고향 마을 사람들이었습니다. 제일 먼저 유관순의 마을 예배당 책임자인 조인원이 '대한 독립'이라고 쓴 큰 깃발을 세우고 군중 앞에 섰습니다.

"지금부터 독립 선언서를 낭독하겠습니다."

조인원은 독립 선언서를 낭독하고 '대한 독립 만세'를 외쳤습니다.
"대한 독립 만세!"
모여 있던 사람들도 모두 한마음이 되어 대한 독립 만세를 외쳤습니다. 장터는 순식간에 흥분의 도가니로 변했습니다.
사람들은 '대한 독립' 깃발을 앞세우고 줄을

지어 만세를 부르면서 행진했습니다. 어느새 만세를 부르는 사람들은 3천 명으로 불어났습니다.

"헌병 주재소로 갑시다. 가서 우리의 단결된 의지를 보여 줍시다."

아우내 장터로 사람들이 모여들 때부터 헌병 주재소 헌병과 조선인 헌병 보조원들은 신경을 곤두세우고 있었습니다. 몰려드는 사람들을 보자 병천 헌병 주재소장 고야마가 큰 소리로 명령했습니다.

"베어라!"

일본 헌병이 칼을 휘두르자, 한 남자가 피를 쏟으며 쓰러졌습니다.

"사람을 칼로 찌르다니!"

피를 보고 놀라 주춤하던 군중이 흥분하기 시작했습니다. 그러자 조인원이 큰 소리로 외쳤습니다.

"사람을 상하게 하지 말라. 우리의 목적은 우리나라 자주 독립을 선포하는 데 있는 것이지 일본 사람들을 죽이는 데 있지 않다!"

유관순은 맨 앞에 서서 깃대를 들고 있었습니다. 한 헌병이 달려와 유관순이 들고 있던 태극기의 깃대를 칼로 쳐서 부러뜨리고 총검으로 유관순을 찔렀습니다. 기다렸다는 듯 고야마 소장은 총검에 찔려 피를 흘리는 유관순의 머리채를 잡고 질질 끌고 가면서 발로 차고 때렸습니다. 유관순의 아버지와 어머니는 유관순를 구해 내려고 뒤쫓아 가며 "만세! 만세" 하고 울부짖었습니다. 그때 또 총소리가 울렸습니다.

"이놈들! 우리가 뭘 잘못했다고 총을 쏘느냐? 이 흉악한 놈들아!"

그 순간 또 다른 헌병이 총검으로 유중권의 옆구리와 머리를 찔렀습니다. 유중권의 흰 두루마기가 붉게 물들었습니다.

"여보!"

남편이 쓰러지는 것을 보고 그쪽으로 달려가던 유관순의 어머니 이씨도 일본 헌병의 총탄을 맞고 쓰러졌습니다.

"이놈들! 죄 없는 사람에게 총을 쏘다니!"

"이 사람 살려 내라, 이 나쁜 놈들아!"

주재소로 쳐들어간 사람들은 일본 헌병에게 거세게 항의했습니다. 사람들의 기세에 놀란 헌병들은 잔뜩 겁에 질려 한쪽으로 밀리기 시작했습니다.

피투성이가 된 아버지의 시체를 보고 놀란 유관순이 큰 소리로 외쳤습니다.

"내 나라를 되찾기 위해 정당한 일을 했을 뿐인데 어째서 총으로

사람을 죽이느냐!"

사람들이 헌병 주재소 안에서 헌병들에게 항의를 하는 동안 밖에서는 약 1500여 명의 시위 군중이 헌병 주재소를 포위하고 있었습니다. 사람들은 돌로 유리창을 깨뜨리면서 주재소로 들어간 조인원 등을 응원했습니다.

"왜놈들은 썩 물러가라!"

그 순간 유관순의 눈에 헌병 소장의 모습이 들어왔습니다. 유관순이 헌병 소장의 피 묻은 옷을 손가락으로 가리켰습니다.

"저기 헌병 소장이 있습니다. 아무 죄 없는 사람에게 총질을 시킨 놈입니다."

유관순은 헌병 소장에게 달려가 멱살을 잡고 흔들었습니다.

그 사이 시위 군중들은 헌병 주재소의 벽을 허물고 만세 운동을 준비하다 유치장에 갇힌 사람들을 풀어 주었습니다.

"대한 독립 만세!"

이때 천안에서 지원 나온 헌병들이 도착했습니다. 그들은 헌병 주재소의 헌병들과 합세하여 시위 군중을 향해 마구 총을 쏘았습니다. 맨손이었던 시위 군중은 이리 쓰러지고 저리 쓰러졌습니다. 일본 헌병들은 사방으로 흩어지는 군중들을 향해 사정없이 총을 쏘고 칼로 찔러 쓰러뜨렸습니다.

## 모질고 힘든 감옥살이

일본 헌병에게 붙잡혀 간 사람들은 천안의 헌병 부대 유치장에 갇혀서 열흘 동안 심한 고문을 받은 후 공주 지방 법원 검사국으로 옮겨졌습니다.

공주 지방 법원 마당에서 유관순은 공주 영명학교에 다니고 있는 오빠 유우석을 만났습니다. 영명학교의 학생들도 4월 1일 공주 장날에 만세 운동을 벌였습니다. 유관순의 오빠 유우석뿐만 아니라 사촌 오빠 유준석, 사촌 올케 노마리아 등도 함께 이 시위에 참가했다가 모두 체포되었습니다.

"관순아!"

"오빠…."

잠깐 동안이었지만 유관순은 오빠를 보자 슬픔이 북받쳐 올랐습니다. 부모님이 돌아가신 일이며 헌병에게 고문받던 일들이 한꺼번에 유관순의 머릿속을 스쳐 지나갔습니다.

"관순아!"

"오빠! 아버지, 어머니가 돌아가셨어요."

유관순은 눈물을 쏟으며 말을 잇지 못했습니다. 유우석의 눈에서도 두 줄기 눈물이 흘러내렸습니다.

　'마음을 굳게 먹자. 앞으로는 절대로 울지 말자. 그렇게 하는 것이 부모님의 뜻일 거야.'

　모진 일을 당할 때마다 유관순은 부모님과 아우내 장터에서 돌아가신 분들을 생각하며 입술을 꾹 깨물었습니다.

　1919년 5월 9일, 공주 지방 법원에서 유관순과 마을 사람들은 1심 재판을 받았습니다.

"제 나라를 찾으려고 정당한 일을 했는데 어째서 무기를 사용하여 내 민족을 죽이느냐?"

"제 나라 독립을 위해 만세를 부른 것이 왜 죄가 되느냐?"

"평화적으로 만세를 부르며 시가를 행진하는 사람들에게 왜 총을 쏘아 아무 죄 없는 목숨을 빼앗은 것이냐?"

"죄가 있다면 불법적으로 남의 나라를 빼앗은 일본에 있는 것이 아니냐?"

열일곱 살 소녀라고 보기에는 너무나 논리정연하고 당당한 유관순

의 주장에 일본 재판관들은 아무 말도 하지 못했습니다. 재판장은 침을 튀기며 목소리를 높여 말했습니다.

"피고들은 신성한 대일본 제국의 법정을 모독했다!"

이 재판에서 유관순은 징역 5년을 선고받았습니다. 유관순과 마을 사람들은 1심 판결에 복종하지 않고 항소를 했습니다. 항소란 하급 법원에서 받은 1심의 판결에 따르지 않을 때, 그것의 파기 또는 변경을 직접 상급 법원에 신청하는 일을 뜻합니다.

항소심 재판은 경성에서 받아야 해서 유관순 일행은 공주에서 다시 경성 복심 법원으로 옮겨졌습니다.

경성 복심 법원의 대기실은 한 사람이 겨우 들어갈 수 있는 작은 칸막이 방이었습니다. 유관순이 재판을 기다리고 있는데 바로 옆 칸에서 똑똑 하는 소리가 들렸습니다.

"거기 계신 분은 누구십니까? 저는 박인덕이라고 합니다."

바로 유관순이 다니던 이화학당의 교사 박인덕이었습니다. 박인덕은 1919년 3월 5일 경성의 남대문 정거장에서 열렸던 만세 시위 운동에 참가했다가 체포되었습니다.

스승의 목소리를 듣자 유관순은 반가움과 서러움에 목이 메었습니다. 유관순은 간수가 듣지 못하도록 작은 소리로 대답했습니다.

"선생님, 저 유관순입니다."

"관순아, 너 고향으로 내려가지 않았니? 어쩌다가 경성까지 끌려와 재판을 받게 된 거야?"

"선생님, 고향에서 만세를 부르다가 왜놈들 손에 아버지, 어머니가 돌아가셨어요. 저는 무슨 일이 있어도 끝까지 싸우겠어요."

1919년 6월 30일 경성 복심 법원에서 유관순은 징역 3년을 선고받았습니다. 작은아버지 유중무, 교회 책임자 조인원도 마찬가지로 징역 3년을 선고받았습니다.

　어린 유관순이 3년을 선고받은 것은 아우내 장터의 만세 시위 운동을 적극적으로 준비하고 참여했기 때문이었습니다. 또 체포된 뒤에도 고개 숙이지 않고 당당하게 심문과 재판에 임했기 때문이었습니다.

## 옥중 투쟁 그리고 죽음

**형**이 확정되자 유관순은 서대문 감옥으로 들어갔습니다. 접수계가 유관순을 감옥 안 마당에 세워 놓고 사진을 찍고 키를 쟀습니다. 서대문 형무소는 애국지사들을 가두고 고문하는 장소로 소문난 감옥이었습니다.

유관순은 감옥에 갇혀서도 거의 매일같이 대한 독립 만세를 외쳤습니다. 그때마다 간수에게 끌려 나가 발로 차이고 모진 매를 맞았습니다. 그런 후 지하 감방에 갇혀 심한 고문을 받았습니다. 이때는 밥도 주지 않아 굶기 일쑤였습니다. 그래도 유관순의 만세 소리는 멈추지 않았습니다.

유관순과 함께 8호 감방에 있었던 어윤희는 유관순에게 큰 힘이 되었습니다. 어윤희는 기독교 전도사인데 3.1 운동 때 독립 선언서를 뿌리다가 체포되어 2년 징역형을 받았습니다.

"고향 사람들이 몇이나 붙잡혀 갔는지 너무 걱정되어요. 어머니, 아버지께서 돌아가셨는데 동생들은 어떻게 되었는지…. 제발 누가 와서 우리 동생들 살았는지 죽었는지 알려 주었으면 좋겠어요."

어윤희는 유관순의 어깨를 토닥이며 따뜻한 말을 건넸습니다.

"관순아, 아무 걱정하지 마라. 동생들은 분명 누군가 잘 보살펴 주고 있을 거야."

"왜놈들이 우리 어머니, 아버지 그리고 마을 사람들을 죽였어요. 모든 것을 빼앗아갔어요."

유관순은 울지 않으려고 했지만 눈물이 저도 모르게 뚝뚝 떨어졌습니다.

1920년 3월 1일은 3.1 운동이 일어난 지 일 년이 되는 날이었습니다.

"아주머니, 우리 여기서 만세 부르더라도 괜찮겠지요?"

"만세를 부르면 한바탕 큰 소동이 일어날 거다."

"설마 죽이지는 않겠지요?"

유관순의 말에 어윤희가 결심한 듯 고개를 끄덕였습니다.

"그래. 하자, 해. 다시 한번 만세를 부르자."

1920년 3월 1일 오후 2시, 유관순이 있는 8호 감방에서 만세 소리가 터져 나왔습니다.

"대한 독립 만세!"

"만세!"

그러자 각 감방에서 일제히 만세 소리가 터져 나왔습니다.

"대한 독립 만세!"

"만세!"

인왕산이 쩌렁쩌렁 울릴 정도로 큰 소리였습니다.

"대한 독립 만세!"

"만세!"

3천 명이 넘는 수감자들이 모두 힘을 합쳐 소리 높여 만세를 외쳤습니다. 변기 뚜껑으로 철판 벽을 두드리고, 발길로 문짝을 차기도 했습니다.

삐익, 삐익!

호각 소리가 들리고 간수들이 이리 뛰고 저리 뛰는 발소리가 요란하게 들렸습니다.

간수 부장이 칼자루를 굳게 잡은 채 달려와 죄수들을 끌어내 복도의 시멘트 바닥에 꿇어앉혔습니다. 그러고는 심한 욕을 하면서 죄수들의 뺨을 차례로 올려붙였습니다.

"오늘 이 소동의 주동자는 누구냐?"

그러자 8호 감방 사람들이 너도나도 대답했습니다.

"나요."

"아니요, 나요!"

간수는 8호 감방 사람 모두의 뺨을 두 대씩 더 갈겼습니다.

"너지?"

간수 부장은 대뜸 유관순을 가리켰습니다. 감옥 안의 만세 소동은 이번이 처음이 아니었습니다. 몇 번 이런 일이 있었고 그때마다 유관순이 주동하였습니다.

"4천 년 역사를 가진 우리가 삼천리금수강산을 빼앗기고 그 압제와 구박 속에서 그대로 죽여 주시오 하고 있어야 옳단 말이오?"

유관순은 눈 하나 꿈쩍하지 않았습니다. 유관순은 이날 끝까지 대들다가 갖은 구타를 당해 의식을 잃기도 했습니다.

심한 고문과 영양실조, 마음을 가득 채우고 있는 슬픔과 분노 때문에 유관순의 몸은 나날이 쇠약해졌습니다. 아우내 장터의 만세 운동 때 일본 헌병의 칼에 찔린 상처에서는 계속 고름이 나왔습니다.

1920년 9월 28일, 유관순은 쇠약해진 몸을 다시 추스르지 못한 채 숨을 거두고 말았습니다.
　소식을 들은 이화학당의 선생님과 학생들은 정성껏 수의를 마련했습니다. 수의란 죽은 사람의 몸을 씻긴 후 시신에 입히는 옷을 말합니다. 선생님과 친구들은 온 정성을 다해 유관순의 명복을 비는 장례 예배를 드렸습니다.
　"관순아, 죽어서는 하느님 곁으로 가서 평화롭게 살아."
　"하늘나라에 가서 어머니, 아버지 만나 행복하게 살아라."
　친구들과 선생님은 씩씩하고 강인했던 유관순을 떠올리며 작별 인사를 하였습니다.

초등 저학년을 위한 첫 역사책!

# 안녕? 역사야 (전9권)

### 〈안녕? 역사야〉 시리즈는

도깨비들이 과거로 날아가 역사의 궁금증을 풀어 주는 재미난 형식의 책입니다.
초등학교 한국사 교과서 내용을 아주 쉽게 알려주는 〈안녕? 한국사〉와
세계를 바라보는 넓은 시야를 갖게 해 주는 〈안녕? 중국사〉 세트로 구성되어 있습니다.
저학년의 눈높이에 맞춘 내용과 그림, 그리고 전문가의 꼼꼼한 감수까지 거친
〈안녕? 역사야〉 시리즈는 진정한 의미의 저학년 첫 역사책입니다.

## 안녕? 한국사 (전6권)

1권 선사 시대  우리 조상이 곰이라고?
2권 삼국 시대  최후의 승자는 누구일까?
3권 고려 시대  우리나라는 왜 코리아일까?
4권 조선 시대①  조선에 에디슨이 살았다고?
5권 조선 시대②  조선은 왜 망했을까?
6권 근현대  우리는 왜 남북으로 갈라졌을까?

글그림 백명식 | 감수 김동운(전 국사편찬위원회 교육연구관)
각 권 90쪽 내외

## 안녕? 중국사 (전3권)

1권 고대  중국 역사의 시작
2권 중세  통일된 중국, 세계에 우뚝 서다
3권 근현대  중국에 부는 변화의 바람

글 이한우리, 송민성 | 그림 이용규 | 감수 이근명(한국 외대 사학과 교수)
각 권 80쪽 내외